मधुर वाणी

An Ode To Life

Madhur Saraf Jain

BookLeaf Publishing
India | USA | UK

Made with ❤ on the BookLeaf Publishing Platform
www.bookleafpub.in
www.bookleafpub.com

Dedication

This book is dedicated to my beloved parents and my ever-joyful brother. May their blessings continue to guide every step I take.

Preface

Madhur Waani is a gentle journey inward. An attempt to pause life's noise and listen to the softer truths we often overlook. ये किताब उन लम्हों, एहसासों और ख़ामोशियों से बनी है जो हमारे रोज़मर्रा के जीवन में आते तो हैं, पर पूरी तरह महसूस नहीं हो पाते। Every poem here holds a small fragment of reflection, a hint of warmth, a touch of simplicity—something that nudges you to reconnect with parts of yourself you may have forgotten on the way.

Read these lines in your own voice, at your own pace; This isn't a grand philosophy; it's just an honest effort to capture the everyday emotions that quietly shape us. If while reading, you find even one line that resonates with your journey, one moment that feels like your own, then *Madhur Waani* has found its purpose.

अब आगे का सफ़र आप और ये कविताएँ मिलकर तय करेंगे।

Acknowledgements

I begin by acknowledging life in all its unpredictable wisdom, and nature, whose silence, seasons, and fleeting moments have a way of teaching without ever speaking. Much of this book was shaped in those quiet conversations with life and nature.

I also owe a gentle bow to the many voices who lit the path long before I ever picked up the pen. From the raw honesty of **Zakir Khan**, to the lyrical brilliance of **Javed Akhtar**, to the powerful stage presence of **Kumar Vishwas**—and all such legendary poets whose words continue to echo across time, each of them, in their own way, showed me how expression can move, heal, and transform.

Some inspirations came not only from poets, but from songs that carried more truth than entire books. ***"Ek Pyar Ka Nagma Hai"*** **by Santosh Anand** is one such timeless piece whose tenderness guided my pen while writing *Parchhai*—my first stage set ever.

My heartfelt gratitude also goes to **Mahesh Chandak**, who has been a steady source of guidance since my college years. His support, feedback, and patient reading of early drafts strengthened this book in ways I cannot fully express.

To life, to art, to the people who inspire, and to the moments that become poetry
thank you for being the quiet current beneath these words.

1. काग़ज़

We rarely pause to think about the simplest things around us. One such thing is a paper (काग़ज़). It has been an integral part of every human life since the day it was invented. It has no voice of its own, yet it carries the voices of centuries.
This poem personifies the journey of a paper, and gives it a chance to speak of everything it has absorbed and everything it has carried.
It is the story of ***काग़ज़****, the most silent yet the most expressive witness of human existence.*

मैं काग़ज़ हूँ साधारण सा,
पर इतिहास मैं खुद में रखता हूँ।
ओढ़ कर स्याही रंगीन,
जज़्बात लिखित में रखता हूँ।

मैं खर्च-ख़रीद का ज़रिया हूँ,
मैं चित्रकला का साधन हूँ।
मैं मैत्री का समझौता हूँ,
मैं नेताओं का भाषण हूँ।

मुझसे हर धर्म का नाता है,
मैंने हर भाषा को पाला है।

ज्ञान–विज्ञान या हो ब्रह्मांड,
सबको किताबों में ढाला है।

मुझपर कवियों ने लेख लिखे,
मुझपर ऋषियों ने वेद लिखे।
मुझसे कचहरी का कामकाज,
कभी भेद लिखे, मतभेद लिखे।

मैंने नाव बन बचपन देखा,
कभी पतंग बन नापा गगन।
मैं जलकर राख-राख हुआ,
किए न जाने कितने राज़ दफ़न।

मैं अवसर हूँ जो कोरा हूँ,
मैं अनुभव हूँ जो भरा हुआ।
मैं विद्यार्थी की परीक्षा हूँ,
और उत्तर भी उसका बुना हुआ।

मैंने ख़बरों को छाप दिया,
हर गली-मोहल्ला नाप लिया।
मैं ख़त बनकर घर-घर पहुँचा,
बाँटी ख़ुशियाँ, कभी घाव दिया।

पर नए यंत्रों के इस युग में,
मैं खुद को बूढ़ा पाता हूँ।
ज़रा पुराना होता हूँ,
और रद्दी में बिक जाता हूँ।

मैं अब थोड़ा गुमसुम सा हूँ,
रंग जो मेरा छूट रहा।
जहाँ हर क्रांति की नींव रखी,
उस दुनिया से नाता टूट रहा।

पर आज भी ज़िंदा हूँ मैं कहीं
हर नई किताब की महक में।
मुझ पर जब चलती है क़लम,
तो उतरती हर बात ज़ेहन में।

मैं काग़ज़ हूँ साधारण सा,
पर हर युग की पहचान रहा।
फटा, जला, भीगा, बिखरा,
पर हर दिल की मैं ज़ुबान रहा।

So times changed. Mediums evolved.
Technology accelerated the world.
Yet even today, whenever ink meets paper,
ideas find a body.

Beginning the book with this poem is a quiet bow to that silent companion.

2. समंदर-सा मन

Our mind is the holiest and most sacred space we possess, the very core of our existence yet we often find it contaminated with negative thoughts, others' opinions, fears and doubts. It is a space both deeply vulnerable and immensely powerful, depending entirely on how we nurture and use it.
Samandar Sa Mann draws a parallel between our mind and a deep ocean (gehra samandar) where storms and silence coexist. It speaks of the waves that rise quietly within us when the mind grows heavy and the heart grows tired.
This poem is for anyone who has ever felt lost within their own thoughts,
for anyone who has wrestled with their mind in silence,
for anyone who believes or tries to believe that they can rebuild, reset, and rise again!

गहरे समंदर सा मन मेरा
गोते खाते ख्यालों से भरा
कुछ डूब गये गहराइयों में
कुछ बिखर गए जज़्बातों से
कुछ पुकारे सतह तक पहुँची नहीं
कुछ बह गई नम आँखों के दरवाज़ों से

अब मन विचलित है, बेचैन है, और ढूँढ रहा है सुकून।
और सुकून को पाना उतना ही मुश्किल है जितना कि एक गहरे समंदर में सीप के अंदर मोती को ढूँढना।
मोती की तरह सुकून भी – Its very valuable , very precious and extremely rare

मोती खोज रहा इस मन में
कहीं छुपा होगा चिंतन में
सपनों के कुछ बंद ख़ज़ाने
दबाए बैठी सख़्त चट्टानें
ये कैसी अनबन, ये कैसा मंथन
मन की हलचल मन ही जाने

Now sometimes we are so badly stuck in our mind that we see no way out and we can't even explain that state of our mind to others. It's just you and your mind looking for answers without even knowing the right questions. There is so much chaos inside that you think

क्या अपने ही मन में डूब रहा हूँ
ख़्यालों में खोकर झूझ रहा हूँ
अब ढूँढ रहा हूँ कोई किनारा
या मिल जाए तिनके का सहारा
कहीं कोई समझ की लहर तो होगी ?
जो पार करादे सागर सारा !

उम्मीदों के पुल बांध लिए
और राह ताकते तरसता रहा
काश की तलाश में मैं ख़ुद
गहरे जाल में फँसता रहा

तो क्या यही अंत है इस कहानी का?
Is there actually no solution?
There is. There always is...
You just have to reset, readjust and recalibrate your mindset, as many times as you have to do, as many times as you need to do. And it all starts with believing back in yourself

अब आस के आँसू निचोड़ कर
ख़ुद ही आगे बढ़ना होगा
हिम्मत की नौका जोड़ जोड़ कर
पार समंदर करना होगा

अंबर का दर्पण है ये मन !
You see how the color of the ocean is the reflection of the color of sky.
Ambar (the sky) here symbolizes sangati, your surroundings and the company you keep.
These external factors shape your mindset more deeply than you realize.
It is often said that you become the average of the five people you spend the most time with.

Which is why choosing your environment and your circle with care becomes essential.

अंबर का दर्पण है ये मन
अंबर सही से चुनना होगा
सुनना होगा गरज कभी
कभी तूफ़ानों से लड़ना होगा

जिन चट्टानों में धँसे है सपने
उन्हें पत्थर पत्थर करना होगा
और उन पत्थरों से पथ बनाने
तुम्हें राम नाम भी जपना होगा

The last line emphasises the power of spirituality on your mindset

आसान नहीं होगा ये कुछ भी
पर तेरा मन है तेरी डुबकी
और अंतर्मन भी तेरा
तो सुनले ख़ुद की

Antarmann (the subconscious mind) is the supreme voice within you
a voice that resonates with the universe,
that knows the truth,
and is infinitely intelligent.
It knows what is best for you and constantly guides you

toward it.
It speaks to you often...
All you need to do is listen.

अंतर्मन की आवाज़

ख़्वाइशों की नदियों को बहने दो इस मन में
भाप बनके चिंताओं को उड़ने दो गगन में
यादों की लहरों में समेट लो हर पल को
और मिसाल दे सब तेरे मन की ऐसा इसका जल हो
ना लोभ रख , ना राग रख
बस अपने मन को साफ़ रख
क्योंकि मन के हारे हार है और मन के जीते जीत
और मन ही गीतकार मेरा मन ही मेरा गीत

3. परछाई – I

This poem explores the unique and often overlooked relationship between a human being and his shadow (परछाई). The shadow is a silent companion, always present, always following, yet often taken for granted. In this piece, the human vents his frustration, questioning the shadow's worth and demanding to be left alone.
ज़िन्दगी की दौड़ में हम अक्सर दूसरों से गिला-शिकवा करते हैं, पर कभी सोचा है कि अगर गिले- शिकवे अपनी ही परछाई से हो जाए तो?

Lets see how it turns out

थक-हार के आज बोल ही दिया मैंने अपनी परछाईं से –
छोड़ दो कुछ पल के लिए अकेला,
नहीं है तुम्हारी ज़रूरत मुझे।

तुम कोई आईना तो नहीं, जो मेरा चेहरा पढ़ के बता दो,
अरे! तुम तो बेरंग हो, जो लोगों की ख़ूबसूरती भी छुपा दो।

ना मेरे दिल का तुझे पता है, न ही दिमाग़ का,
फिर किस बात का घमंड है तुझे इस तेरे नक़ाब का?

मेरी चाल की, ठहराव की, मेरे इशारों की छाँव की,
बस नकल कर देती हो तुम।

जब दो पल माँगता हूँ मैं खुद के लिए खुद से,
तो दखल कर देती हो तुम।

पर, रुको – शायद तुम इस बात से अंजान हो,
कि रह लूँगा तुम्हारे बिन, तुम्हें चाहे जितना भी गुमान हो।

तुम्हारा तो नज़रिया ही नहीं है खुद का,
तो नज़रें कैसे मिलाओगी?
चली जाओ यहाँ से, वरना
रहकर भी मेरे किस काम आओगी?

To be continued....

4. परछाई – II

The shadow is shattered and deeply hurt by the words of its human. But what unfolds next is its heartfelt reply, a reminder that it is not just a lifeless copy, but an inseparable truth, a silent witness, a constant companion, and a symbol of one's very existence.

परछाई का जवाब

इतना बुरा-भला सुन परछाई में भी जान आई,
जो बेज़ुबान थी बरसों से, वो भी खुद को रोक न पाई।

बोली – इतना बर्दाश्त नहीं कर पाऊँगी मैं,
बुझा दो सारी बत्ती इस कमरे की, चली जाऊँगी मैं।

पर जाते-जाते एक बात बतला कर जाऊँगी,
तुझे ये एहसास दिला कर जाऊँगी–

मैं सिर्फ़ तेरी परछाई नहीं, तेरी सच्चाई हूँ मैं,
तेरे अकेलेपन की भरपाई हूँ मैं।
तेरे दृष्टिकोण की एक तिरछाई हूँ मैं,
तेरे जीवन और संघर्ष के बीच की गहराई हूँ मैं।
सुख में, दुःख में, हर घड़ी तेरा साथ निभाई हूँ मैं,
अरे, तेरे अस्तित्व में पूरी की पूरी समाई हूँ मैं।

और तूने मुझे क्या करार दिया,
कि तेरे घमंड की कमाई हूँ मैं?

ख़ैर, निराश होना मेरा काम नहीं,
मेरा तुझ पर कोई इल्ज़ाम नहीं।

हाँ, शायद तेरे चेहरे की बारीकी कभी नहीं पढ़ पाऊँगी,
तेरे नए कपड़े का कभी मैं रंग नहीं बता पाऊँगी।
पर एक बात तू हमेशा रखना याद –
कि जब तू थामेगा किसी अपने का हाथ,
या लगेगा गले किसी यार के साथ,
तो उसकी परछाई में घुल जाऊँगी
और घुलकर एक साया बनाऊँगी।

तुझे तेरे घाव कभी नहीं दिखाऊँगी,
और नहीं पूछूँगी तुझसे कभी कि क्या परेशानी है।
ज़िन्दगी के इस सफ़र में तेरा अटूट सहारा बनूँगी,
ये बात मैंने ठानी है।

और मत थक तू अभी, मत हार मान,
दिखा हिम्मत – ये तेरी उभरती जवानी है।
दो पल के इस जीवन से अभी तो एक उम्र चुरानी है।
और परछाइयाँ रह जाती हैं, रह जाती निशानी है,
ज़िन्दगी और कुछ भी नहीं –
तेरी मेरी कहानी है,
तेरी मेरी कहानी है।

In the end, the shadow remained - unconditional in its presence, gentle in its love, and precise in the way it voiced the truths we often overlook. In reality, the shadow does not speak but this poem was all about what if it could. In its constancy, it mirrored the truest form of connection, one where neither tries to outshine the other, and yet both are complete, mature and meant for each other

5. बाज़ार

Bazaar is not just a poem about a marketplace. It is a metaphor for life itself. It mirrors the outer world we walk into every day carrying our own little "jhola", filled with wishes, expectations, half-formed dreams, and the quiet hope that the world outside will give us what we cannot find within ourselves.
But the world is vast, noisy, and competitive. Its chaos overwhelms us, its crowds exhaust us,
Its glitter deceives us, and somewhere between running and stumbling, we forget what we were even looking for.
This is the journey of a wanderer, a seeker, a learner who enters the Bazaar with doubt, and emerges with direction. Let's look at how this journey unwinds

ये जानते हुए कि नहीं जीतूंगा हर बार मैं,
फिर भी निकल जाता हूँ झोला लिए बाज़ार में।

ज़ेहन में है कुछ ख़्वाहिशें,
कुछ ज़ाती फ़रमाइशें,
कुछ ज़िक्र अधूरे सपनों का,
क्या भर पाएँगी ये नुमाइशें?

चारों तरफ़ एक होड़ है,

बस भीड़ है और शोर है,
सहमा मैं बस चल रहा,
लगा रहे सब दौड़ है।

जो सोच के मैं निकला था,
मुझे कहीं दिखे भी ना,
किसी मंज़िल की तलाश में,
कदम कहीं टिके भी ना।

कभी इस गली, कभी उस गली,
ना मन लगा, ना मंज़िल मिली,
सपने बिकते हर कहीं,
पर खरीदूँ कहाँ से तस्सली।

कभी लगता है मैं खो गया,
तक़दीर का दामन सो गया,
अब लौटता हूँ घर को वापस,
जो होना था, सो हो गया।

Now *the traveller finds himself stuck and lost at a junction where every other road looks the same, every signboard feels blurred, and even his own footsteps sound unsure. Tired, he decides to turn back and leaves the rest to fate. And slowly, fate guides him towards a quiet, forgotten corner of the bazaar.*

फ़िर वापसी के रहगुज़र,

नज़र रुकी एक दुकान पर,
वो किताबों से थी भरी हुई,
पर ना दिखा वहाँ एक सर।

मैं गया क़रीब उस चौखट के,
जो सनी थी धूल और जालों से,
अलमारियों में सन्नाटा था,
जो खुली नहीं थी सालों से।

मैंने मुँह पर बाँधा एक कपड़ा,
और साफ़ किया हर कोने को,
कुछ वक़्त गुज़ारा मौन में,
और क्या ही बचा था खोने को।

In that silent, forgotten bookstore, the traveller wasn't just cleaning dust he was clearing the fog inside his own mind. Every untouched shelf, every quiet corner felt like a mirror to the stillness he had long ignored.

उस ख़ामोशी को चीरता,
पन्ना पलटा एक किताब का,
जब गौर किया क्या लिखा वहाँ,
तो हर सवाल का जवाब था।

कुछ कृष्ण-अर्जुन संवाद ने,
मन बाँधा और मज़बूत किया,
कुछ दोहे, नज़्में, शेरों ने,

हिम्मत का धागा जोड़ दिया।

मैं सुबह से पूरी रात पढ़ा,
खोई ज़मीर को जगाना था,
जब इल्म के समंदर में डूबा तो,
समझा क्या सच, क्या फ़साना था।

जो ढूँढता फिरा उस बाज़ार में,
वो ख़ज़ाना ख़ुदी में छिपा मिला,
जैसा सोचा, वैसा न मिला
पर जैसा मिला – उम्दा मिला।

The traveller had gone to the bazaar searching for answers, and found them only after he stopped searching. For the greatest discoveries are rarely bought or sold they are realised, quietly, when the mind opens and the heart allows. The books did not give him escape; they gave him clarity.
Knowledge did not make his journey easier; it made him wiser. Wiser enough to change his outlook towards life and its challenges.

अब निकला हूँ उस दुकान से,
माथे पे लिए सूरज की किरण,
जो सहमा था अब गहरा है,
नज़रिए के बदलाव से मन।

बाज़ार वही, गलियाँ वही,
पर झोले में कुछ ज्ञान है,
कुछ सीख पुराने मुसाफ़िरों की,
कुछ तजुर्बे का सामान है।

तो क्यों डरूँ इन राहों से,
इतना आगे जो आ गया,
इस बाज़ार की मैं रौनक बनूँ,
जो चला – और राह दिखा गया

*With a little knowledge in his bag and a little courage in his smile, now the road ahead feels less frightening and more inviting. After all, as Javed Akhtar beautifully reminds us, "**Kyun darein zindagi mein kya hoga—kuch na hua toh tajurba hoga.**" So keep filling your bag with experiences, and let life explain itself along the way.*

6. हवा

There are days when silence feels too heavy, when the world moves too fast,
when the heart searches for comfort but finds no place soft enough to rest.
In such moments, even the smallest touch of nature, a drifting breeze, a gentle sway of leaves,
a whisper against the ear can feel like healing.
This poem is a call to that healing breeze (Hawa) asking it to comfort the soul and pour clarity and calm into the spaces of chaos. It is a prayer, a whisper and a quiet longing for peace in life.

ए हवा रुख मोड़ के ज़रा मेरे पास आ
मेरे कानो में गुनगुनाकर सुकून दे जा

तोड़ इस खामोशी को, पत्तों को दे छनका
माँ के हाथ बन, इन बालों को दे सहला

मेरे माथे की शिकन को भरदे अपने बहाव से
और खोल दे मन के उस पिटारे को जिसमे बिछड़े ख़्वाब थे

ले जा कही दूर इन काले बादलों के साये को
और महका दे इत्र से गलियों को, चौराहे को

मेरे सपनो की इस कश्ती को किनारा दे जा
उलझती ज़िन्दगी की डोर को सहारा दे जा

मेरी साँसों में समा और वक्त को दे ठहरा
बंद करू जब आंखें मेरी , इन पलकों को दे लहरा

ए हवा रुख मोड़ के ज़रा मेरे पास आ
मेरे कानो में गुनगुनाकर सुकून दे जा

7. सादगी का सफ़र

Have you ever just craved simplicity in a world full of noise?
This poem is a contemplative journey of a seeker who roams through chaos and blinding lights hoping to find a moment of clarity and saadgi(simplicity). In the rush of life, simplicity often becomes a distant memory, something we chase without knowing where to look. You walk, you search, you question only to end up more confused, more restless, more drained. And slowly, frustration creeps in; hope thins out; the desire to keep trying starts to fade. That silent breaking inside, that is the heartbeat of Saadgi Ka Safar.

सादगी की चाह में
मैं घूमता था हर गली
मिली चमक, मिली दमक
नहीं मिली तो सादगी

कहीं धरम, कहीं भरम
कहीं अँधेरी रोशनी
मैं झाँकता था शीशों से
आँखों में भरके चाँदनी

मैं ढूँढता, मैं पूछता

मैं सोचता, मैं कोसता
सवालों में उलझकर
जवाबों को खोजता

हर मोड़ पे एक शोर था
ना चैन था ना ताज़गी
तो ज़िंदगी की राह में
कहाँ से लाऊँ सादगी

निराश मन, थका बदन
लिए मैं बैठा छाँव में
बंद थी आँखें मेरी
और ज़ेहन था तनाव में

साँसों के सुर बस गुन रहा
बेचैन था पर सुन रहा
एक पत्ता बिछड़ा शाख़ से
आ उतरा मेरी आँख पे

This is the moment where the poem shifts, quietly but powerfully. The wanderer who had been drowning in questions suddenly meets a sign—not loud, not dramatic but gentle as if sent by the universe—a falling leaf, that changes the direction of his journey.

Here, the poem moves from the noise of the world to the

wisdom of nature where the leaf guides the way. This is the beginning of a spiritual unfolding—one that invites you to slow down, breathe, and read these next lines gently...

पलके खुलीं, कुछ होश आया
लगा राहों ने मुझे फिर बुलाया
मैं उठा धीरे, मन भी जागा
वो पत्ता उड़ा, मैं पीछे भागा

नीले आसमान में लहराता
एक बगीचे में वो जा गिरा
वहाँ सादगी घुली थी फ़िज़ाओं में
और मिट्टी की महक से चित भरा

एक फूल से बरसी ओस की बूँद
वो पत्ता फिसला ढाल की ओर
जहाँ बंसी की धुन कर रही थी गूँज
मैं पीछा कर पहुँचा उस मोड़

एक शांत सरोवर का नज़ारा था
पास एक मंदिर पुराना था
जब मस्तक रखा ज़मीन पर वहाँ
तो पाया सादगी का पूरा जहाँ

वो पत्ता वहाँ भी रुका नहीं

जज़्बात के आगे झुका नहीं
बेज़ुबान होकर भी कुछ कह गया
ओझल हुआ और बह गया

उस झील किनारे एक नौका थी
मैं पार करने सवार हुआ
कुछ पल में बीच ताल पहुँचा
तो ख़ामोशी का दीदार हुआ

सोख लिया सन्नाटा पूरा
और तन-मन-वचन में समा लिया
क्या पाया, क्या कुछ खोया
सब हिसाब आँखों से बहा दिया

मुस्कुराते हुए फिर तट पहुँचा
वो पत्ता मिला एक पत्थर पर
सूरज की किरण में चमक रहा
जैसे कोई ताज रखा सर पर

उसे संभालकर मैं लाया घर
साथ में थोड़ा सुकून और प्यार
घर पहुँचते ही माँ की आँखों में
झलका सादगी का आख़िरी सार

वो डाँटी मुझे बड़े दुलार से
बोली, बिन बताए मत जाना कहीं
उनके भोलापन पर मुस्कुरा दिया

चुमा माथा, माँगी माफ़ी वही

फिर लौटा अपने कमरे को
उतारा दिन को काग़ज़ पर
पन्नों के बीच रखा पत्ता
और समेट लिया सादगी का सफ़र

The journey concluded. What began in chaos ended in calm. The leaf, the silence, the mother's gaze - all were mirrors guiding him back to himself. A reminder that the purest truths often return with us tucked gently between the pages of our own stories and that's where we find the saadgi of life.

8. अकेला निकल जाता हूँ

Munir Niazi, one of the most celebrated voices of Urdu literature, composed a deeply touching nazm titled "Hamesha Der Kar Deta Hoon Main." Its melancholic rhythm and contemplative tone left a lasting impression on me. Drawing inspiration from that same mood , its solitude, its stillness, its truth, I wrote this piece, "Akela Nikal Jaata Hoon Main."

This is a poem for those who retreat, not to escape, but to return stronger. For those who walk alone, not because they must, but because sometimes the journey within demands solitude.

अकेला निकल जाता हूँ मैं

किसी मुक़ाम को हासिल करना हो,
या कोई ग़म भुलाना हो–
अब हर सफ़र पर हँसते-मुस्कुराते,
कोई पुराना गीत गुनगुनाते,
अकेला निकल जाता हूँ मैं।

इस जहाँ के नज़ारे परखने हों,
या ख़ुद का नज़रिया बदलना हो,
अब बिना किसी को आवाज़ दिए,

ना किसी चौखट दस्तक दिए,
अकेला निकल जाता हूँ मैं।

अब कोई पूछे या न पूछे—फ़िक्र नहीं,
किस हाल में हूँ—किसी को ज़िक्र नहीं,
अब बिना नसीब को कोसे,
और ख़ुद के आँसू पोछे,
अकेला निकल जाता हूँ मैं।

जाना किधर है—इसकी ख़बर नहीं,
मुसाफ़िर हूँ, भटका हूँ—ज़माने को क़दर नहीं,
अब दिल में घबराहट,
और मन में थकावट लिए,
अकेला निकल जाता हूँ मैं।

9. पहचान

In life's toughest moments, we forget how far we've come and how much strength we carry.
This poem "Pehchaan" calls out to the heart that feels small, tired, or unsure, and reminds it of its battles, its scars, its triumphs. It is a gentle voice saying –

एक पल तू पूरा जहाँ चाहता,
अगले पल तू खुद से हताश है।

इस दुनिया की चकाचौंध में,
ये मत भूल, तू कितना ख़ास है।

अरे, कितनी बाज़ियाँ पलटी हैं तूने,
ज़रा नज़र पीछे घुमा कर तो देख।

हाँ, मुश्किलें होंगी आगे भी,
तू फिर खुद को आज़मा कर तो देख।

और ये कांटे, ये ज़ख्म, ये दर्द,
सिर्फ़ तराशते हैं तेरे रास्ते।

अब मंज़िल साफ़ है तेरे सामने,
तू अपनी पहचान बना कर तो देख।
एक नया ज़माना सजा कर तो देख।

You are more than your fears, stronger than your wounds, and capable of shaping a new dawn once again
- You are You!

10. ख़्वाब

Clouds carry the weight of the sky, just as dreams carry the weight of our inner world. They shift shape, fade, burst, or return with renewed purpose—much like our hopes. This poem "Khwaab" meditates on the transient nature of dreams and the quiet power of persistence. It nudges us to understand that while not every dream survives the storms of life, the ones rooted in conviction ultimately become the spring that we long for.

ये आसमान के परदे पर, जीवन का पूरा खेला है,
कहीं परिंदों की उड़ान है, कहीं बादलों का मेला है।

हर बादल खुद में ख़्वाब है,
कोई धुंधला सा, कोई साफ़ है,
कुछ दुनिया भर का बोझ लिए,
बरसने को बेताब है।

हर ख़्वाब का रंग बदलता है,
सूरज की चाल पे ढलता है,
वो टकराता और गरजता है,
तब जाकर ही बरसता है।

ऐसे कितने ख़्वाब बने,
जो बरसे और कहीं खो गए,

पर कुछ थे ज़िद से भरे हुए,
जो नए दौर की फसलें बो गए।

तो खिलेंगी कलियाँ, फूल बहार,
तेरा रोना न हो बेकार,
बस ख़्वाब के साथ तू ज़िद भी रख,
फिर कर लेगा हर वार को पार।

So dream big, and dream with stubbornness.
For the sky eventually yields to those who refuse to give up.

11. 5:30

कभी उठना साढ़े पाँच पर,
सूरज की फीकी आँच पर,
जब रात पे केसर चढ़ता है,
जब नया सवेरा पनपता है।

तुम टहलना सुनी सड़कों पर,
ख़ामोश लगेगा हर मंजर,
तब हर इंसाँ सोया होगा,
निज़ सपनों में खोया होगा।

तो पाओगे तुम ये शहर,
इतना भी बेहाल नहीं,
ये जितना तुमने झेला है,
बस वक़्त-वक़्त का मेला है।

तो लेना तुम एक गहरी साँस,
और करना ख़ुद से द्रिण अभ्यास,

क्योंकि सूरज ढलेगा जब,
और बजेंगे शाम के साढ़े पाँच,
तो शहर ये फिर से गूंजेगा,
और तुझको फिर आज़माएगा,
दौड़ाएगा और थकाएगा,
तू ख़ुद को अकेला पाएगा।

पर तेरा मन स्थिर होगा,
तूफ़ाँ में खड़ा मंदिर होगा,
तेरे अभ्यास से निखरा जो,
वो फल कितना सुंदर होगा।

पर लगे फिर भी कुछ असहज,
और संशय हो इस सांझ पर,
तो उठना साढ़े पाँच पर,
सूरज की फीकी आँच पर।

12. दिवाली

Every year, as Diwali approaches, something strange and beautiful fills the air. The streets glow a little earlier, the winds turn a little sweeter, and even the longest workdays in distant cities begin to feel lighter because the heart knows: ***it's time to go home.***

This poem is for every son, every daughter, every dreamer working far from their roots who knows that Diwali is not just a festival of lights, but a homecoming of the soul.

शामों में गुलकंद घुला है,
सर्द हवाओं का सिलसिला है,
और मंद-मंद मुस्कान लिए
वो राही घर को चल पड़ा है।

सितारों ने हर गली में
महफ़िल जमकर जो सजाई है,
सुना है वो चाँदनी
खुद उतर सड़कों पर आई है।

अपने शहर की हर वो सड़क,
जहाँ-जहाँ से बचपन गुज़रा है,
आज दीयों की कतारों में सजा,

आँखों में सुकूँ बन उतरा है।

बाज़ारों की रौनक से खिले,
हर गाल की लाली कहती है–
ये हिंदुस्तान है साहब,
यहाँ हर रग में दिवाली बहती है।

13. अपनाया शहर

Some cities we belong to, and some cities we learn to belong within.
The last poem "Diwali" captured the magic of "home": the warmth of lit-up streets, the scent of childhood in familiar lanes,
the comfort of belonging without effort.

But "Apnaya Sheher" speaks of the other journey-the one where you step into an unfamiliar city, learn its pace, survive its storms, and slowly stitch yourself into its fabric. A place that once felt overwhelming begins to teach, shape, and strengthen you.

ये शहर जो मैंने अपनाया है,
घर छोड़कर घर जो बनाया है,
कितना इसने परखा मुझे,
और कितना इसने सिखाया है।

जो अंजान थे कभी रास्ते,
अब उन्हें दूसरों को समझाता हूँ,
कभी माँ के दुलार से खाता था,
वो खाना अब अकेले खाता हूँ।

टकराता हूँ नए लोगों से,

उनके जीवन की लहरों से,
कुछ उनके किस्से सुनता हूँ,
कुछ अपने गीत मैं गाता हूँ।

यहाँ इमारतें काफ़ी ऊँची हैं,
पर उनसे ऊँचे ख़्वाब हैं,
दिल बेचैन अक्सर रहता है,
कभी लगता ज़माना ख़राब है।

पर फिर भी ये शहर सुहाता है,
हर रोज़ कुछ नया दिखाता है,
कभी गिराता, कभी उठाता है,
ज़िंदगी जीना सिखाता है।

थककर जब लौटता हूँ घर,
तो आईने में देख मुस्कुराता हूँ,
सोचता हूँ – हाँ, आज फिर,
थोड़ा और इस शहर-सा बन जाता हूँ।

14. एक कप चाय

You've come this far in the book — must be tired, huh?
Ek cup chai ho jaye?
Chai isn't just a beverage, it's an emotion that lives inside the veins of us Indians. A quiet comfort for the tired heart, a coping mechanism for some, a therapist or gossip-partner for others, and often the invisible glue that holds our day from falling apart.
There is something almost human about a cup of chai - the way it listens without interruption, warms without asking, and heals without effort.
This poem is a tribute to that magical potion —that tiny cup which whispers "sab theek ho jayega" in a voice gentler than our own.

टेबल पे आई जो एक कप चाय,
हर टेढ़ी बात फिर सीधी लगे।

जो छुआ लबों से पहले घूंट को,
हर फीकी शाम भी मीठी लगे।

जो रूठे कोई अपना,
तो दिल से है मनाती,
नाराज़गी या अनबन को
कोसों दूर ले जाती।

सुनती है शिकायतें और गहरे अफ़साने,
जोड़ती है दिलों को चाय के बहाने।

इलायची और अदरक को घोलकर सँवरती,
हर काम की थकान को आराम में बदलती।

हर दर्द का, हर सर्द का इलाज है चाय,
हिंदुस्तान के हर घर का रिवाज़ है चाय।

उसे देखते ही हर शख़्स मंद-मंद मुस्काए,
टेबल पे आई जो एक कप चाय।

...so make sure you've had your cup of tea. Life runs smoother that way.

15. इश्क़ की खोज

There are moments when the heart craves nothing but love; love in its softest, purest, most unfiltered form. A love untouched by logic, unburdened by reality, and carried only by the quiet hope beating inside the chest.

In this shayari, a hopeless romantic stands suspended between ***ख़्वाब और हक़ीक़त****—waiting, wondering, aching. He speaks to an unseen presence, a beloved who exists somewhere between memory and imagination. In that fragile pause between desire and doubt, his heart begins to speak in metaphors, searching for the one it has never truly known.*

तुम जन्नत हो या जहाँ हो तुम,
मेरी मन्नत हो और महान हो तुम।
पर हक़ीक़त हो या हवा हो तुम,
पुकारूँ मैं दिल से – कहाँ हो तुम?

हर शीशे का श्रृंगार हो तुम,
हर धड़कन का इकरार हो तुम,
नाज़ुक, ज़हीन और जवाँ हो तुम,
ढूँढे ये नज़र– कहाँ हो तुम?
कहाँ हो तुम?

16. इश्क़ का दीदार

After all the longing, the questions, and the restless Ishq Ki Khoj, there comes a moment when the heart finally finds what it had been wandering toward. Ishq Ka Deedar is that moment
the moment when the seeker's eyes at last meet the beauty he had only imagined.
Where the earlier lines were filled with yearning and doubt, these lines rise from revelation and wonder.

तेरा दीदार हुआ जब पहली दफ़ा,
तो आँखों में मेरी सुरूर था।
हर अंदाज़ पे घायल था मैं तेरे,
पर चेहरे पे एक गुरूर था।

तुझे देखते ही मैं ठहर गया,
कुछ पल को मन से बहक गया।
शिरक़त जो तूने की दिल में,
पूरा दिल तुझसे महक गया।

What started as a fleeting glimpse grew into an imprint on the heart
a whisper from the universe, carrying a meaning too delicate to name and too precious to lose.

17. वक़्त

What is Time? What is its relevance? A question mankind has asked for centuries, yet no answer has ever felt complete.
Some say it heals,
some say it destroys,
some say it slips away,
and some insist it stays with us forever —
etched in memories, lessons, and scars.

In this poem, Time speaks for itself as a teacher, a companion, a mirror, a river. As the beginning and the end. As something we try to hold, yet something that endlessly sets us free.
And perhaps the greatest truth it whispers is this: We do not conquer Time , we learn to move with it, grow through it, and ultimately, become one with its rhythm.

मैं वक़्त बेहिसाब हूँ
बहता हुआ कोई राग हूँ

मैं ही तेरी मंज़िल और
मैं ही तेरा ख़िताब हूँ

मैं ही तेरा सब्र हूँ

और सब्र का जवाब हूँ

जितना मुझे बचाएगा
मैं उतना बेहिसाब हूँ

लोगों में मेरा ख़ौफ़ है
कहते मैं ही ख़राब हूँ

जबकि सबके ज़ख़्मों का
मैं इकलौता इलाज़ हूँ

मैं अंत हूँ, आग़ाज़ हूँ
मेहनत की मैं आवाज़ हूँ

बीता हुआ कल भी मैं
और मैं ही तेरा आज हूँ

हर घड़ी का मैं इजाद हूँ
हर पहर मैं तेरे साथ हूँ

मैं इतिहास की किताब हूँ
और भविष्य की सौग़ात हूँ

मैं लम्हों का दरिया हूँ
किसी अपने की याद हूँ

अच्छा भी मैं, बुरा भी मैं

पर जो भी हूँ, आज़ाद हूँ

मैं वक़्त बेहिसाब हूँ
बहता हुआ कोई राग हूँ

18. अब उठी है क़लम तो

As I wrote this poem, I realised how often we all carry thoughts that we never quite find the time or the courage to express.
अब उठी है क़लम is my small attempt to give voice to those quiet corners of life that belong to all of us...the unsaid things, the paused emotions, the incomplete moments. If you see a fragment of your own story in these lines, then this poem has travelled exactly where I hoped it would.

अब उठी है क़लम तो दूर तक जाएगी,
हर एहसास, हर नज़रिए की रूह बन जाएगी।

वो बात जो कभी कही नहीं,
वो अश्क जो रोके रुके नहीं,
वो महफ़िल जो असल में सजी नहीं,
हर कशमकश,
हर पेशकश,
हर "कश" की आवाज़ बन जाएगी।
अब उठी है क़लम तो दूर तक जाएगी।

वो कहानी जो किसी ने सुनी नहीं,
वो सच्ची यारी जो अब रही नहीं,
वो एकतरफ़ा प्यार जो कभी मिला नहीं,
हर सपने की,

हर अपने की,
हर चाहत की याद लिख जाएगी।
अब उठी है क़लम तो दूर तक जाएगी।

वो दरख़्वास्त जो पूरी हुई नहीं,
वो रास्ता जो हमने लिया नहीं,
वो गुलदस्ता जो हमें दिया नहीं,
हर क़र्ज़ की,
हर मर्ज़ की,
हर दुखे लफ़्ज़ की दवा बन जाएगी।
अब उठी है क़लम तो दूर तक जाएगी।

And so, the pen won't stop writing—because life never stops lifing.
Every experience, whether good or bad, shapes us, refines us, and slowly turns us into a more polished version of ourselves. That was the purpose behind every poem in this book: to reconnect with our own existence, to honour our experiences, to learn from them, to live through them, and to endure them all with a quiet smile.
Thank you for reading till here.
I hope you found moments you related to, thoughts that resonated, and a few smiles to carry with you as these pages come to a close.
And if you ever wish to share your experiences or offer any feedback about this book, you can always reach me —whether through email or on Instagram. I would love

to here some reviews

Email: *madhursarafjain16@gmail.com*

Ig: @the.mad.lens

www.ingramcontent.com/pod-product-compliance
Lightning Source LLC
LaVergne TN
LVHW050818051026
849532LV00008B/3021
* 9 7 8 9 3 7 3 1 4 8 3 5 9 *